Monster

Die Angst hält mich zärtlich in ihren Klauen
Und streicht mir übers Herz
Das hineinbricht in ein berstendes Universum
Voll der Stille, voll der Leere
Und der Wind singt leise unsere Melodie

Monika Reinhardt

Patrick Aigner

Monster

Bibliografische Information der Deutschen Nationalbibliothek:
Die Deutsche Nationalbibliothek verzeichnet diese Publikation in der Deutschen Nationalbibliografie; detaillierte bibliografische Daten sind im Internet über http://dnb.dnb.de abrufbar.

© 2013 Patrick Aigner

Herstellung und Verlag:
BoD - Books on Demand, Norderstedt
ISBN 978-3-7322-4181-1

Coverfoto: Sue Rauschenberger

1.
Der Hofgarten endet mit der Veste. Entweder nimmt man den Treppenweg oder den Weg ohne Stufen. Die Veste ist auch wirklich das Ende des Hofgartens. Eigentlich, noch genauer gesagt, gehört sie und der direkte Bereich um sie, schon nicht mehr dazu. Irgendwo über dem Veilchental ist die unsichtbare Grenze. Und doch gehört der Blick hinauf zur Veste zu Teilen des Hofgartens. Wie alt muss man werden, um alles hier gesehen zu haben? Um all dem, was einen da anspricht, vollständig zugehört zu haben?

Sicher, es gibt auch andere Probleme in solch einem Menschenleben. Sicher, man sollte sich vielleicht um andere Fragen kümmern. Aber die Fragen, die wirklich wichtigen Fragen, stellen sich einem von selbst. Also, noch mal: Ist es möglich, dem allem, was da spricht, einmal vollständig zugehört zu haben? Oder gehört das Zuhören dem Menschen an, so wie sein rechter Arm? Aber ich höre doch nicht immer zu. Ich höre doch oft gar nichts. Und dieses "gar nichts" hat nicht einmal einen gut gearteten Beigeschmack. Meist nicht.

Was wäre dieser Hofgarten, wenn wir uns dem Wort "damals" verweigern würden? Kann man das? Dieses heute so viel besungene "Jetzt" leben? Brauche ich denn nicht Berge von Vergangenheiten, um schließlich in diesem "Jetzt" zu landen? Gebirge aus Gleichzeitigkeiten, Schichten über Schichten, so als wäre jede einzelne mit einer Jahreszahl zu versehen? Entspannung finden hinter all den Gleichzeitigkeiten?

Bald wird sie hier sein. Ich bin zu früh dran. Wollte mich dem nähern. So, wie es vielleicht wichtig ist, nach dem Sprechen im Gebet zu verbleiben. Kontakt zuzulassen. Kontakt zu erwarten. Empfangen. Es gibt schon Regeln. Es gibt schon richtig und falsch. Aber das ist nichts, was man nachlesen könnte. Richtig ist es, hier hoch, hier heraufzugehen, Zeit zu haben, sich Zeit zu geben - vor dem Treffen.

2.
Über drei Jahre lebte ich mit ihm zusammen. Hier unten in der Stadt. Unweit der Heilig-Kreuz-Kirche. Drei Winter und so viel Sommer. Wir hatten ein Schild gefunden: Enten füttern verboten - Rattenplage droht. Das Schild wird wohl heute noch da stehen. Eigentlich sagt es sehr viel darüber aus, wie ich dieses Coburg - dieses Coburg, das nicht meine Heimatstadt ist, gefühlt habe, wohl immer fühlen werde. Enten füttern verboten - Rattenplage droht. Sicher, ich habe das nie so gelebt. Ich habe immer dagegen angelebt, gegen dieses Schild. Und doch scheint es gesiegt zu haben. Zumindest hat es unsere Beziehung besiegt.
Ich habe sie immer gespürt. Und ich spüre sie noch heute. Die drohende Rattenplage. Auch in Peter habe ich sie gespürt. Peter kommt aus dieser Stadt. Aus dieser Stadt zu kommen bedeutet, entweder von der Rattenplage bedroht zu sein, oder sie in sich leben zu lassen, selbst also zur Rattenplage zu werden. Peter war in dieser Sache immer am Schwanken. Er war diese Stadt, auch wenn ich sonst noch keinem Menschen begegnet bin, der eine Stadt ist.

3.
Die Hilflosigkeit, die ich bei der Vorstellung empfinde, gleich Pia zu treffen, scheint sich auf meine Umwelt nicht übertragen zu lassen. Der Hofgarten nimmt sie mir nicht ab, obwohl er die Kraft dazu hätte. Heute möchte ich mich diesem Park nicht mehr aufs Neue nähern, ihm nicht zum allerersten Mal gegenüber stehen müssen. Der Hofgarten erklärte sich für mich, erschloss sich für mich - zumindest als ich noch jünger war - aus der Leopoldstraße heraus. Die Hinterhäuser, die Schuppen, das ganze „alte Gehötsch", wie man hier sagt, verschwand in den letzten Jahren. Was weiß denn ich von unsichtbaren Hebeln, außer dem, dass es sie gibt? Nichts.

Heute kann man den neuen Weg hinter der Leo entlang laufen und sieht die Rückansicht der Häuser wie offene Wunden, wie eine mit Gewalt zur Schau gestellte Scham, vor sich liegen. Sie haben aufgehört zu sprechen. Es scheint so, als könnten auch Häuser sich die Seele prellen. Oder Schlimmeres.

4.
Peter hat mit nichts Recht gehabt, mit nichts Recht behalten, immer alles falsch gesehen, und alles an Gewicht oben drauf gepackt, was er so in die Hände bekam. Das hat mich bald wahnsinnig gemacht, und es könnte mich wahrscheinlich heute noch wahnsinnig machen, auch jetzt noch, nach all der Zeit. Wie kann jemand, der so groß, so weit, so offen, ja, in vielen Dingen auf eine so schöne Weise einfach ist, auf der anderen Seite ein solch kleinkarierter Stinkstiefel

sein? Das Wort, das ich damals insgeheim für ihn benutzte, wich im Nachhinein diesem Stinkstiefel-Wort. Ach was, Arschloch! Dummes, ewig verängstigtes, kleinkariertes Arschloch!

Ich weiß nicht wirklich, was ich hier mache. Ich weiß nicht wirklich, was das Ganze hier überhaupt soll. Es gäbe etwas zu bereden, hat er gesagt. Nun gut, das sagt er nicht oft. Stirbt er? Ist er todkrank? Wegen Geld würde er nicht so ein Tamtam machen. Er würde sagen, ich bräuchte, und ich müsste heute sagen, ich hab's nicht. Dann würden wir lachen. Er stirbt. Es kann gar nichts anderes sein. Gestern Abend kam mir der Gedanke auch schon. Scheiße! Er darf nicht sterben. Er darf jetzt nicht sterben. Eigentlich darf er das überhaupt nicht, zumindest solange nicht, solange ich hier noch über diese Erdscheibe tappen muss.

5.

Im Nachhinein betrachtet war alles immer schon vorbei. Die Kraft, die ich gebraucht hätte, um zu sterben, um endlich sterben zu können, war niemals die meine. Immer andere Antworten auf immer dasselbe Brennen, immer die gleiche Angst unter der Angst. Wie soll man denn sterben, um zu leben, wenn man das Sterben nicht geschenkt bekommt? Wenn man nicht den letzten Drücker an Leid auch noch ins Herz geschossen bekommt?

Den ersten Teil des Lebens... dem Sterben ausgewichen. Den zweiten Teil des Lebens... das Sterben gesucht. Und nie hat es ganz gereicht. Und nie war der

Tod vollständig genug. Immer ist die Leiche wieder aufgestanden. Aufgestanden - niemals auferstanden! Trotz all der Erfahrungen. Trotz all dem Totsein, dem Dahintersein, dem Beobachter, der Zustände der Unwirklichkeit.

Und man war doch wirklich schon hinter sich. Alles ist vorbei gewesen und man sah der Marionette von hinten zu. Und man hatte schon so oft genug von alledem. Man ließ los. Spürte dann die Kraft von hinten, ließ es geschehen und griff wieder zu. Und aus dem kleinsten Zugreifen baute sich wieder eine ganze Welt. Welt um Welt. Und am Ende war der Anfang. Und am Ende war die Person, was sie immer schon gewesen ist - was sie immer schon nicht gewesen ist.. Und am Ende war nur noch Oberfläche. Und am Ende war nur noch Tiefe. Und die Tiefe war nur noch Oberfläche. Und die Tiefe gab es niemals. Und dann war Ruhe. Und dann ging das Theater von Neuem los.

Und nun kann ich nicht mehr. Ich werde nicht sterben. Mir ists, als hätte ich die Kraft dafür irgendwo in der Hosentasche, aber die Arme scheinen zu kurz, sie zu erreichen. Nein, nicht mehr wegzurennen hieße bleiben. Aber mich jetzt mit Pia zu treffen, ist sicher kein Bleiben. Ich halte den Ball im Spiel. Das Spiel bekommt wieder neue Energie. Und ich verlasse damit das Sterben. Es verschiebt sich ein Stückchen weiter in die Zukunft. Immer ein Stückchen weiter. Durch all die Jahre. Nur noch das getan. Nur noch eben das Wichtigste erledigt. Nein, nicht das Wichtigste, aber halt dafür etwas anderes...

Die Zukunft ist der Ort, an dem man nicht sterben kann. Sterben kann man nur unter Zuhilfenahme der Vergangenheit an diesem anderen Ort. Der Ort ist das "Jetzt". Ich kann das Wort "Jetzt" nicht mehr hören. Und doch ist das "Jetzt" der Ort. Nein, wirkliche Gegenwart ist keine Zeitangabe. Auch in Wirklichkeit keine Ortsangabe. Aber mehr noch dieses, als jenes.
Das, was man Vergangenheit nennt, ist eine einzige, große Tötungsmaschine. Die gesammelten Erfahrungen eines einzigen Menschen würden ausreichen, einen ganzen Erdteil zum Erwachen zu bringen, aber das passiert so nicht.

Hoffentlich kommt sie bald. Hoffentlich ist ihr nichts dazwischengekommen. Kein Handy, ach ja... jede Situation ist eine spirituelle Übung. Doch wozu das Ganze?

Beziehung bedeutet Schmerz. Nichts anderes ist wahr. Beziehung bedeutet Schmerz oder Eiseskälte. Doch Eiseskälte ist der schlimmste Schmerz. Beziehung bedeutet, es niemals gebacken zu kriegen. Beziehung bedeutet, ein für alle Mal gescheitert zu sein.

Wenn ich so an die Jahre mit Pia zurückdenke, dann scheinen Dinge wichtig gewesen zu sein, die mit Zweierbeziehung eigentlich recht wenig zu tun hatten. Dinge, die mich auch heute noch beschäftigen. Dinge, die ein Teil der Lösung sein sollten, sich aber als Teil des Problems darstellten: All diese spirituellen Lebensverbesserungsfantasien. Musste man wirklich durch all diesen Unsinn durch? Jede Woche eine neue Wahrheit, eine neue Lösung, eine neue Herangehensweise. Was von alledem ist geblieben? Vielleicht das

Wissen, dass es so auch nicht geht. Das Wissen, dass alles immer wieder im Schmerz, in der Angst, in der Einsamkeit endet. Nichts ist mehr wahr. Alle Glücksversprechen erwiesen sich als Glücksversprecher - als Träume eines besseren Morgens. Angst, die sich nicht mal mehr an Gedanken klammert, umschließt mich. Umhüllt von Einsamkeit, die keinen Ausweg mehr findet, finde ich statt. Finde ich nicht mehr statt. In mir herrscht der gnadenlose Terror der Stille. Und doch flackert hin und wieder eine persönliche Angst durch. Von Ferne, wie ein letztes Zugsignal vor dem großen Tunnel. Aber es wird nicht der letzte sein. Es ist bisher niemals der Letzte gewesen und doch ist da noch Angst. Angst in einem Meer von Angst. Jeder Stern, jedes Blatt eines jeden Baumes - Angst.

Ich bin Autor und ich wehre mich dagegen, die Dinge so zu sehen, wie sie sind. Ich wehre mich dagegen, dass diese Stadt nicht mehr die meine ist. Ich wehre mich dagegen, dass ich mich hier fühle wie ein Kind, das nur auf einen Kindergeburtstag eingeladen wurde, weil die Eltern untereinander befreundet sind.

Ich hasse es zu sehen, wie mir mein Coburg entgleitet, wie ich ihm entgleite. Alles ist nur noch angstvoll. Alles wird mir fremd. Alles geht zu Ende. Würde ich denn eine andere Stadt überleben? Will ich denn überhaupt überleben? Nichts ist mir mehr klar. Nichts ist mehr klar, seitdem ich aus dem gefallen bin, was man ein einigermaßen geregeltes Leben nennt. Es war auch die letzten Jahre nicht geregelt, aber nun ist nur noch Bedrohung um mich rum. Gelder müssten gezahlt werden, die nicht da sind. Mutige Entscheidungen gehören jetzt getroffen, aber es fehlt der Mut. Es

fehlt an allem, was mich von innen her stark machen könnte, was mich stützen würde. Hier ist nur nichts und dieses Nichts hat keine besonders schöne Farbe.
Hier ist Angst. Persönliche Angst auf dem Hintergrund eines Meeres von Angst. Eines Meeres, welches kein Ende hat. Feuer!

6.
Die letzte warme Nacht habe ich an Peter denken müssen. So lang denken und ich saß auf dem Balkon und da war Denken, Himmel, kein Denken - ja, der Nachthimmel, die einzige Heimat, die einem zu bleiben scheint, bevor gar nichts mehr bleibt. Ich spüre Peter manchmal näher als all die Leute, die mich den Tag über umgeben. Ich spüre, dass er da ist - manchmal mehr, als wenn wir uns sehen.

Es ist nicht einfacher geworden. Es ist auf eine gewisse Weise, dadurch, dass wir jetzt besser miteinander reden können, sogar erheblich schwieriger geworden. Sich zu verstehen, sich endlich verstehen zu können, bedeutet nicht, dass man einer, wie auch immer gearteten Lösung, auch nur einen Deut näher wäre. Das Verstehen wird überschätzt. Manchmal kann mich der Gedanke richtig in Rage bringen, der Gedanke, dass ich jahrelang all meine Hoffnung auf das Verstehen richtete.

Es fällt alles in sich zusammen und ja, ich weiß - es bleibt ein Lächeln. Aber es bleibt dieses Lächeln eben nur dann, wenn es bleibt. Und es bleibt nicht. Wie alles andere, wie all die hübschen Erfahrungen eines spirituellen Lebens, wie all die Zustände, die man erleben durfte, bleibt auch dieses Lächeln nicht.

Wie ich Peter durch die Nacht spüren kann. Manchmal, so kommt es mir vor, kann ich ihn besser als mich selbst spüren. Wenn ich mich mit allem, was an Decken zu finden war, im Dunkeln auf dem Balkon sitzen sehe und meinen Namen in mich reinrufe, reinflüstere, reinschreie, dann sehe ich plötzlich ihn, Peter.

Ist es denn schon ein Beweis dafür, dass etwas nicht richtig ist, weil es nicht funktioniert? Ach was! Was funktioniert denn nicht? Meine Liebe zu Peter ist in mir, und sie kann mir durch nichts und niemanden genommen werden. Meine Liebe zu Peter, zu diesem Peter in ihm, zu diesem Peter, der er ist.

Früher, als mir Freunde sagten, das Leben würde uns zustoßen, habe ich gelacht. Heute weiß ich, was gemeint ist. Heute stößt uns dieses Leben zu. Peters Unsinn. Mein Unsinn. Alles regnet auf uns runter und durch uns durch. Menschen, die in meiner Einsamkeit ihre Einsamkeit sich zu zeigen trauen, bringen in guten Momenten das Zimmer zum Glitzern. So als wäre da die Luft eine andere Luft, eine Glitzerluft. Es ist alles herrlich... es ist alles furchtbar... es ist alles nicht.

7.
Viel zu sehen ist ein Fluch. Weitaus schlimmer ist es, viel zu sehen und nichts zu begreifen. Ist denn nicht alles irgendwie erklärbar? Liegt es einfach an fehlenden Informationen, wenn einem das, was man sieht, nicht klar wird?

Ich bin frustriert. Eine Frau. Ein Mann. Ein Kind. Tresenkneipe mit Billard. Der Mann war zu ruhig für sein Alter. Das könnte bedeuten, dass er sich dafür entschieden hat, mit seinem Sohn zusammenzuleben: Könnte es bedeuten - muss es aber nicht.

Sehen ist so eine Sache. Man kann ja nicht zu den Leuten hingehen und sie fragen, ob das was man sieht, stimmt oder nicht. Nein, das kann man nicht. Also bleibt alles, was man sich so erzählt über Leute, die man nicht kennt, bloße Spekulation. Oft scheint es jedoch klar zu sein. Immer kann man mehr rauslesen. Man kann es, und leider kommt man meist gar nicht drum rum, wenn man diese zweifelhafte Gabe, den Wind auf der Gasse laufen zu sehen, und die Fliegen husten zu hören, sein eigen nennt. Nein, "zweifelhaft" ist das falsche Wort. Zweifelhaft ist diese Gabe nur so lange, bis man die Gedanken über sie auf den Kopf stellt, und sie zu nutzen beginnt - zum Beispiel als Autor.

Doch was kann an dieser Situation so unverständlich gewesen sein? Vater, Mutter, Kind. Die Eltern Mitte bis Ende zwanzig, der Junge vielleicht so fünf. Es macht mich irre. Die Frau wechselte die Modi - und trotzdem war da etwas anderes. Im Muttermodus war die Kraft ihres Lächelns von der Schönheit, die man eher bei einer wesentlich älteren Schwester, einer Nachbarin im Teenageralter, oder aber bei einer jugendlichen Tante vermuten würde. War da eine Traurigkeit oder, besser gesagt, oder/und eine Standortsauflösung im Hintergrund? Ein Empfinden, keinen neuen Platz zu finden, während der alte ins Meer abkippt?

Oder ist doch alles ganz anders? Ist der Junge, der hier mit dem Vater Billard spielt, gar nicht der Sohn des Vaters? Warum kann ich das Gesehene nicht deuten? Ich kann weder ihr noch ihm erklärungsmäßig näher kommen. Es macht mich irre.

Teil 2

45 Minuten später
Coburg Hofgarten

Peter liest vor
Pia hört zu

8.

Der falsche Sohn

Ölofen. Zwei Fenster - kaum Sonne. Ein Stockbett. Das obere komplett mit Stofftieren besetzt. Der große Bär wohl unten. Es gab einen Schweizerbären, einen Clown, über einen halben Meter lang, mit für immer eingedelltem Plastikgesicht. Es gab den Bären Nici, der wohl klassischste, der, wenn man seinen Oberkörper nach hinten oder vorne bog, brummte. Es gab den alten Bären, der schon einige Flick-Operationen hinter sich hatte. Es gab eine rosa Katze mit herrlichen Augen, um beim Einschlafen mit den Fingern darüber zu gleiten. Perfekt, so ein Gleiten. Perfekt. Es gab den Schützenfestbären, der war ganz leicht, und er war so etwas wie ein Problemfall. Ich wusste, ich konnte ihn, warum auch immer, nicht ganz so sehr leiden, und darum musste ich ihn besonders lieb haben. Besondere Aufmerksamkeit. Besonders darauf aufpassen, dass er bei Spielen im Bett, wie das Fortfliegen mit dem Raumschiff, oft genug dabei sein konnte, und auch wirklich mindestens gleich gut behandelt wurde wie die anderen Tiere. Bei diesem Spiel rutscht man nach unten. Sodass man nur noch mit angewinkelten Knien liegen kann. Unten in einem Stockbett kann das sehr wirklichkeitsnah empfunden werden, dieses Raumschiff.

Ich hatte ein rotes Stofftier, von dem ich nicht weiß, was es eigentlich war. Von der Höhe her etwa so groß wie Ganesha, der hier neben mir beim Schreiben steht, etwas über 30 cm. Es war ganz fest, und ich durfte es, nachdem ich wegen einer Lungenentzündung für mehrere Wochen im Krankenhaus war, eine Zeit lang nicht mehr mit ins Bett nehmen. Seine langen Haare waren wohl schlecht für meine Lunge.

Nici war der klügste, der weiseste von den Bären. Ich habe sie alle weggeschmissen. Ich muss so 19 gewesen sein, und sie waren noch auf dem Dachboden. Ich habe sie alle weggeschmissen. Weggeschmissen. Die, die...

Der Bärenmann mit dem ruhelosen Blick und der ständig neuen Zigarette in der Hand räusperte sich. Schaute hinauf zur Uhr. Nahm einen hastigen Schluck aus seinem Glas. Ja, sagte er, ich habe sie alle weggeschmissen. Die zwei Geldspielautomaten an der Wand entfernten sich immer weiter von unserem Tisch - zwischen dem „Dadrüben" und dem Tisch hier war schließlich die Verbindung komplett abgerissen. Ich saß also... und hörte ihm zu. Hier kann ich bleiben bis zum Morgen - wenn die Züge fahren. Fahren. Bleiben.

9.
Ölofen. Zwei Fenster - kaum Sonne. Ein Stockbett. Das obere komplett mit Stofftieren besetzt. Hier wohne ich. Hier lebe ich. Hier lebe ich als 4-jähriger, als 5-jähriger, als 8-jähriger, und ich werde noch für viele Jahre hier wohnen bleiben. Eine Kindheit. Eine Jugend. Hier wohne ich, hier lebe ich - das stimmt und trotzdem kann eine Aussage wohl falscher nicht sein. Es ist mein Zimmer und es ist nicht mein Zimmer. Es ist nicht für mich gemacht. Nicht für mich vorgesehen. Nicht das meine.

Es ist das Zimmer von diesem anderen. Es gab da eine Verwechslung, wissen Sie? So etwas wie eine Verwechslung. Aber ich bin nun hier. Und das für viele Jahre. Ich hatte kein Recht auf dieses Zimmer, wissen Sie? Sie müssen mich jetzt verstehen, wenn sie mich verstehen wollen: Ich hätte hier gar nicht sein dürfen. Aber ich war da.

Bei der Bestellung der Leute, die laut Urkunden und dergleichen meine Eltern sind, muss etwas schief gelaufen sein. Wie ich schon sagte, wahrscheinlich eine simple Verwechslung. Sie wollten mich nicht und ich passte auch nicht, doch sie redeten sich ein, wollten sich und mir einreden, dass eines Tages der andere aus diesem Zimmer treten würde, und der würde, das müssen Sie sich mal vorstellen, und der würde... ich sein.

Eine ruckartige Kopfbewegung, und der Bärenmann blickte mir direkt ins Gesicht. Sie wissen doch, sagte er, Sie wissen doch, dass es diese Bahnhofskneipe, diesen Bahnhofswartesaal, schon seit vielen Jahren nicht mehr gibt? Das wissen Sie doch? Sie wissen doch noch, wo wir hier sind? Seien Sie ein wenig aufmerksamer. Ich habe doch meine Geschichte für Sie. Nein, Sie bleiben jetzt sitzen. Nein, Sie bleiben jetzt bei mir sitzen und hören sich meine Geschichte an. Sie wissen doch, dass man hier nicht über Nacht bleiben konnte und auf den Morgen warten, wenn die Züge fahren.

10.
Ölofen. Zwei Fenster - kaum Sonne. Ein Stockbett. Das obere komplett mit Stofftieren besetzt. Ich war also der falsche Sohn. Aber ich war auch einmal der richtige Sohn, als ich mit Vater die Tante besuchen war. Danach im Auto wusste ich, dass es vorbei sein wird. Gleich vorbei sein wird. Und es war vorbei. Schnell.

Ich war also der falsche Sohn, und ich war da, während der richtige erwartet wurde. Ich saß in meinem Zimmer und malte Bilder, malte keine Bilder, und glaubte selbst noch daran: Ich glaubte daran, dass ich eines Tages dieser andere werden könnte. Oftmals, so schien es mir, war ich kurz davor. Ich konnte den anderen, der aus mir hätte werden können, beinahe schon riechen. Manchmal spielte ich sogar, ich wäre er. Ich wäre richtig, und die Leute, die meine Eltern sind, könnten ein glückliches Leben führen. Es hätte alles so schön gepasst, mit dem anderen. Sie hatten den anderen gewollt und auch verdient und nun hatten sie mich. Schuldig da zu sein, da sein zu müssen, ohne die Möglichkeit, gehen zu können.

Sie werden lachen, aber ich dachte, das wäre mit 18 vorbei. Damals wusste ich noch nicht, dass man auf ewig in einem Zimmer verbleibt. Können Sie sich das vorstellen? Ich dachte, es würde so etwas wie ein Leben geben, in das man einfach hineingehen kann... Und ich dachte, ich würde in der Zukunft, in einer Zukunft mit einem Mädchen in meinem Arm, der Richtige sein. Zumindest würde sie es nicht merken, dass ich der Falsche bin. Doch Sie werden das, was

Sie sind. Nein, ich sage nicht, dass Sie das bleiben. Sie werden es werden.

11.
Ölofen. Zwei Fenster - kaum Sonne. Ein Stockbett. Das obere komplett mit Stofftieren besetzt. Ich habe mich verwandelt. Nein, nicht in Wirklichkeit, wo denken Sie hin... In der Vergangenheit. Wenn ich jemandem etwas aus der Vergangenheit, aus der Kindheit erzähle, dann erzähle ich die Geschichte des anderen. Es ist gar nicht so schwer. Man kann das sogar tun ohne in größeres Lügen reinzukommen. Und ich kann, wenn ich die Augen nur ein klein wenig schließe, ein klein wenig mehr als im Normalzustand, dann kann ich mir die Geschichte des anderen glauben. Wissen Sie? Man muss ja nicht alles auf die Goldwaage legen. Muss man doch nicht, oder? Mein Herr, ich habe Sie etwas gefragt. Muss man jedes Wort auf die Goldwaage legen, oder muss man das nicht? Ein Stechen in der Brust? Macht nichts. Wir müssen weiter. Der nächste Morgen wird kommen und die Züge werden fahren. Ob Sie einen Zug nehmen werden? Wie heißt der Ort? Wie lautet der Name, der nächste Name? Es schließt sich die Zimmertür. Wie man es doch noch weiß, wie sich die Zimmertür schließt. Es schließt sich die Zimmertür und Sie sitzen drinnen - innen.

12.
Ölofen. Zwei Fenster - kaum Sonne. Ein Stockbett. Das obere komplett mit Stofftieren besetzt. Ich war der falsche Sohn und ich bin der falsche Mann. Eigentlich kein Sohn, ganz sicher nicht ein Mann. Sie geht weg, wissen sie? Sie geht weg und sie hat Recht damit. Ich habe sie getäuscht. Ich bin nicht der Richtige. Ich bin nicht „ein Mann", ebenso wie ich niemals Sohn war. Es gibt richtige Männer, so wie es richtige Söhne gibt. Sie telefoniert und geht weg. Sie kommt nachts nach Hause und legt sich leise neben mich. Morgen wird sie wieder telefonieren. Morgen wird sie wieder weggehen. Und morgen wird sie sich nachts neben mich ins Bett legen. Ich aber liege in meinem Zimmer - mehr als ein halbes Leben entfernt. Auf ewig neben dem eingedellten Plastikgesicht. Und sie wird sich morgen wieder die schönen, hohen Schuhe anziehen und sie wird nett aussehen. Sie wird nicht nur schön sein, denn das ist sie sowieso: Sie wird nett und freundlich aussehen und sie wird auch nett und freundlich zu anderen sein. Sie ist nett und freundlich. Wissen Sie? Sie ist nicht verkehrt. Sie tut sich schwer, die Wahrheit zu sagen, aber das darf auch so sein. Wäre ich ein anderer, wäre ich jemand, den man nicht belügen müsste, dann würde sie sicher nicht lügen. Oder sie würde auch dann lügen und doch wäre es besser, wenn ich jemand wäre, den man nicht belügen müsste.

13.
Ölofen. Zwei Fenster - kaum Sonne. Ein Stockbett. Das obere komplett mit Stofftieren besetzt. Wissen Sie, was das Schlimmste ist? Das Schlimmste ist, dass er nicht spricht. Er spricht nicht mit mir. Wenn ich auf dem Bett sitze, und er am Boden mit irgendetwas zugange ist... Er spricht nicht mit mir. Eine Reise hatte ich angetreten, und nun sitze ich da und er spricht nicht mit mir. Ich bin mir nicht sicher, ob er überhaupt spricht. Ich bin mir nicht sicher, ob er jemals überhaupt gesprochen hat. Vielleicht mit seinen Stofftieren. Vielleicht... dass er mit Gott oder Jesus sprach: Unter der Decke: In einem Raumschiff. Vielleicht sprach er da. Ich kann es nicht wissen. Ich werde es wohl niemals wissen.

Er lässt sich von mir in den Arm nehmen und lässt es doch nicht zu. Er ist ein Stein und mir macht seine Art, keine Angst vor mir zu haben, ein solches Grauen, dass ich fortrennen würde, wüsste ich auch nur im Ansatz wohin. Er spricht nicht. Doch kann man sagen, dass er still ist? Man könnte sagen, er würde nicht mal schweigen - so kommt mir das vor. Glücklich ist er nicht. Seine Stille hat sich nicht in einen Diamanten verwandelt. Er ist nur still. Man kann das Unbegreifliche eben nicht begreifen, aber man kann es ergreifen, bis es einen ganz und gar verschlungen hat. Verwachsen mit dem, was niemals war und niemals ist und niemals sein wird. Weil es nicht denkbar ist. Oder ist er dieses Unbegreifliche längst selbst geworden? War er es schon immer? Dieses Staunen, das nichts mit irgendeiner Neugierde zu tun hat? Dieses für möglich halten einfach von allem, ohne auch nur einen Gedanken in Sinn, Ausweg oder gar Erlösung zu investieren?

Wissen Sie, die Züge fahren immer noch. Sie können sich auch erzählen, dass sie vor einer gewissen Zeit in einem anderen Bahnhof losgefahren sind. Sie können sich auch erzählen, wenn sie von hier weiterfahren, dann wären sie nach einer gewissen Zeit in einem anderen Bahnhof. Sie können sich vieles, vieles erzählen. Doch wenn Sie eines tun, sollten Sie wissen, dass das ganz anderswo ausgeht: wenn Sie aufhören zu erzählen.

Der Bärenmann schien eine Pause einlegen zu wollen. Er hielt sich beide Hände auf die Brust, wiegte sich ein wenig vor und zurück. Erst unmerklich, dann so, als würde er sich in eine Melodie hineinbewegen. Seine Augen hatten losgelassen. Er wird sie hier in diesem Wartesaal nicht mehr brauchen. Vielleicht kann ich jetzt aufstehen? Vielleicht braucht er mich jetzt auch nicht mehr? Es käme auf einen Versuch an. Wir bleiben sitzen, der Herr! Ich hatte noch nicht einen Rucker gemacht. Hier ist nichts wirklich. Ist das ein Traum? Ein Traum von einem Mann, der einen Stoffbären vorne in der Jacke mit sich rumträgt, sodass dieser rausschauen kann? Träume haben den Nachteil, dass sie leider auch nur wahr sind. Dass sie sich nicht auch nur im Kleinsten darüber erheben, über was es lohnenswert wäre, sich zu erheben. Wozu fliegen? Wozu bleiben? Wir bleiben sitzen, der Herr, hatte er gesagt. Soll er doch wissen, warum und wozu. Mir entschwinden die Kräfte aus dem Körper. Ich will gar nicht aufstehen. Ich will gar nicht weggehen. Nicht mal gehen. Nur hier sitzen. Einfach sitzen bleiben, mit einem Mann, der vielleicht bald selbst so aussieht wie ein Bär.

Pia, lass mich kurz rauchen. Bitte nicht reden. Es ist gleich vorbei. Aber erst einmal rauchen. Durchatmen.

14.
Alle Welten werden über mir zusammenbrechen. Es ist eine Frage der Zeit. Es wird auf mich niederhageln. Es wird mich unter sich begraben. Das ist sicher. Die Leute um mich rum werden sich in meine Feinde verwandeln und werden mich zu Tode prügeln. In meinen Armen sitzt die Angst. In meinem Kopf sitzt das Fieber. In meinen Beinen sitzt die Schwäche.
Wäre dem zu entgehen gewesen? Wohl nicht. War es jemals anders? Gab es wirklich eine Zeit in meinem Leben, in der das anders war? Wann sollte das gewesen sein? Warum bin ich nicht nur schon lange tot? Tot und befreit von dieser Zimmerdecke voll mit herunterhängenden Messern. Befreit von einem Himmel randvoll mit Blitzen. Einem Himmel, der ständig zu meiner totalen Vernichtung bereit ist - ständig am Brodeln, ständig über mir.

Ich sterbe vor Angst und lebe doch immer noch. Schnelle Schläge in das Gesicht eines Kindes. Schreie. Hasserfüllte Vateraugen. Wann denn sollte die Zeit gewesen sein, in der der Himmel über mir nicht die Hölle war? Hasserfüllte Augen sehe ich und Jähzorn. Man darf nicht mit dem Löffel an die Zähne stoßen. Es ist doch eigentlich gar nicht so schwer. Nicht mit dem Löffel an die Zähne stoßen. Es darf einfach dieses Geräusch nicht mehr geben. In mir hat das Zittern seine Heimstätte gefunden.

Alle werden sich zu Monstern verwandeln. Das ist in jedem Moment drin. Da kann geredet werden, was da will. Da kann Zuneigung gezeigt werden, wie sie will. Die Verwandlung zu Monstern ist immer möglich. Steht immer kurz bevor. Was sollen da Worte jemals ändern? Was sollen da Versprechen jemals ändern, wenn der, der sie gibt, nicht mehr da ist, um sie einzuhalten?

Das Eis ist so unglaublich dünn. Ich checke die Lage. Immer. Ich checke die Lage. Es wird trotzdem kommen. Ich kann das nicht kontrollieren. Ich kann dem nicht entgehen. Sie werden über mich hereinbrechen und mich unter sich begraben. Ich werde ersticken und es wird dauern. Ich ersticke schon jetzt.

Jeder kann es riechen, dass ich dazu bestimmt bin, tot geprügelt zu werden. Das liegt in meiner Natur. Das ist meine Natur. Das ist der Lauf der Dinge. Man kann den Menschen keinen Vorwurf machen. Sie haben gar keine andere Wahl. Ich bin zum Sterben geboren - und sie werden mich sterben lassen.

Wie kam ich nur auf die Idee, dass mir ein anderer Mensch da raushilft? Raushelfen könnte. Partnerschaft - was für ein kranker Gedanke. Partner - der Zeuge meines Untergangs, meines Scheiterns, meines Zertrampeltwerdens. Doch nicht nur Zeuge. Applaudierender Zuschauer. Fan meiner Vernichter. Und der Partner hat Recht. Denn ich habe Schuld. Nein. Ich bin schuld. Der Partner verhält sich dabei auch nicht falsch. Er macht sich nicht schuldig, denn ich habe ihn getäuscht. Ich habe ihm nicht gesagt, dass ich der bin, der zusammengetreten wird. Hatte ich es an den ersten Abenden mit dem Partner vergessen gehabt? Nein, so etwas kann man nicht vergessen. Ich habe ihn getäuscht und er genießt den Triumph meiner Feinde über mich. Das Einzige, was ein wenig tröstlich ist: Dass ich dabei ein wenig Lust in seinen Augen sehe. In ihren Augen. Dieses Feuchtwerden, diesen Hauch eines gelebten Sadismus, diese Lust, auch noch einmal in mich reinzutreten: Das würde ich Befreiung nennen. Ihre fast unmerklich zuckenden Gesichtsmuskeln, wenn sie freundlich mit mir redet: Tausende von Kilometern weit entfernt, mir sagt, dass sie neben mir ist, bei mir ist.

Bin ich bei dir? Bin ich hier bei dir? Bin ich hier? Bin ich hier? Bin ich hier drinnen? Keine Gnade eines schnellen Todes, stattdessen hohe Schuhe und Gesichtscreme für eine zarte, sommerliche Bräune. Ich bin dann nur mal beim Friseur.

Warum überhaupt noch Körper? Warum nicht nur noch Zittern? Ein Zittern ohne Körper. Zittern frei im Raum bis hinaus ins Universum.

Peter legte den Text zur Seite. Man muss allein da durch. Wie einfach das doch klingt. Es klingt geradezu so, als wäre es ein Spiel, das man durch simples richtig machen gewinnen kann. Fast so, als wäre man schon Sieger, nur weil man eben angefangen hat, dieses Spiel überhaupt zu spielen.

Sind denn die anderen, die diesem Spiel aus dem Weg gehen, wirklich kleiner? Ja, sie haben ihre Probleme. Ja, sie kriegen ihre Probleme. Habe ich es aber auch nur einen Deut besser? Habe ich je etwas anderes hergestellt als noch mehr Probleme? Pia schwieg. Hat denn das Brennen in meiner Brust...

Pia. Pia. Halte mich fest. Halte mich fest, durch all die Zeiten, die da mal waren und durch die, die da noch kommen werden. Ich falle durch. Ich falle durch alles einfach hindurch.

Wie sie doch der Pia, die in meinem Kopf wohnt, ähnlich ist, dachte Peter. Oh Gott Pia, hole mich da raus! Ich bin doch hier. Peter, ich bin doch hier. Pia weißt du, ich kann nicht mehr. Da ist keine Hand mehr und ich sterbe doch nicht in meiner Angst.

15.
Es ist düster um uns geworden, und doch soll wohl alles so sein. Peter, in diesem Zimmer sitzen wir, sitze auch ich, so wie du es beschrieben hast. Ich halte dich wie verrückt, aber du weißt selbst am besten, dass ich dich nicht halten kann - niemals konnte. Dass wir da durch müssen, dass wir da durchgetrieben werden, dass es uns diese Straße einfach runter treibt: Wir haben es doch längst gewusst. Wo wir sein werden, wenn das alles vorbei ist? Ob es überhaupt jemals vorbei sein wird?

Wir haben beide doch schon lange jemanden Neues in unserem Leben. Jemanden, der uns liebt und den wir lieben. Jemanden, der für das, was ich mich immer noch weigere Wirklichkeit zu nennen, viel besser an uns andocken kann, als wir beide es einst konnten. Nicht alle Puzzleteile passen ineinander, und sie sollen es auch nicht. Peter, ich habe dir das Buch besorgt, dass du haben wolltest. Lass es uns lesen, lass es uns nun gemeinsam lesen, ich halte das alles nicht mehr aus.

Advaita für regengebogene Einhörner
Gespräche mit Jan Raane

Frage:
Mir scheint es, ich kann mich meinem Partner nur hingeben, wenn er mich schlecht behandelt.

Jan Raane:
Von was reden wir?

Frage:
Wir reden vom Sex.

Jan Raane:
Das ist fein.

Frage:
Also was sagst du?

Jan Raane:
Ich sage, es ist immer wieder schön, vom Sex zu reden.

Frage:
Was sagst du zu meiner Frage, dass es mir scheint...

Jan Raane:
Schon klar. Ich sage dazu, dass das nun scheinbar für dich so ist.

Frage:
Und, ist das ok?

Jan Raane:
Nein, natürlich nicht: Wir werden alle sterben.

Frage:
Du bist ein dummes Arschloch.

Jan Raane:
Bin ich ein dummes Arschloch bevor, während oder nachdem dich deine Holde beim Sex schlecht behandelt?

Frage:
Ich hatte mir von dir mehr erhofft.

Jan Raane:
Da bin ich mit dir ganz einer Meinung.

Frage:
Wäre es vielleicht im Bereich deiner Möglichkeiten zu dem Thema Unterwerfung beim Sex etwas zu sagen?

Jan Raane:
Sich mit Absicht schlecht behandeln zu lassen ist das eine. Unterwerfung ein anderes und Hingabe ein Drittes.

Frage:
Hingabe. Das ist ja genau mein Problem. Ich kann mich ihr nur hingeben, wenn sie mich demütigt. Je mehr sie mich demütigt, je schlimmer und verletzender die Geschichten sind, in die sie mich beim Sex verbal verwickelt, um so mehr kann ich sie lieben.

Jan Raane:
Ja so läuft das.

Frage:
Warum?

Jan Raane:
Weil es die Sache einfach macht.

Frage:
Verstehe ich nicht.

Jan Raane:
Ich schon.

Frage:
Dachte ich mir.

Jan Raane:
Gut, sind wir nun fertig?

Frage:
Warum macht es die Sache einfacher?

Jan Raane:
Weil Hingabe so funktioniert. Wenn du dauernd am Gucken bist, ob deine Herzensdame dich auch gut behandelt, dann kommst du nie in die Hingabe rein. Du wirst in deinem dussligen Verstand Argumente und Gegenargumente auffahren lassen, und wirst letztlich niemals einen Menschen auf Erden finden, dem du dich hingeben kannst.

Frage:
Ist Hingabe denn so wichtig?

Jan Raane:
Nein oder ja - es ist deine Show, welche der Antworten ist dir die liebste?

Frage:
Na gut, ich habe schon gemerkt, was für eine Wahnsinnskraft, ja was für eine nie gekannte Liebe, in mir hochkocht, wenn ich mich total fertigmachen lasse von ihr.

Jan Raane:
Das ist genau der Punkt. Es ist wundervoll, dass deine Partnerin die größte Drecksau auf Erden ist. Nur darum kannst du dich ihr nähern. Nur weil du weißt, weil du es hundert prozentig weißt, dass sie dich fertigmachen wird, kannst du zu ihr. Es ist wundervoll.

Frage:
Ist das Jesus am Kreuz?

Jan Raane:
Nein, das ist Jesus am Kreuz, während unten seine geliebte Frau steht und mit diesem Glänzen in den Augen mit den Kreuzigern schäkert. Sie ist einfach eine nette Frau und es ist schön, dass die Herren, die gerade Hammer und Nägel aus der Hand gelegt haben, an dem freundlichen Wesen deiner Dame Gefallen finden.

Frage:
Wir sprechen von Jesus!

Jan Raane:
Ups. Mein Fehler.

Frage:
Warum bist du nur so ein riesen Arschloch?

Jan Raane:
Weil du mich dafür bezahlst?

Frage:
Scheint so.

Jan Raane:
Ich wäre ansonsten der nette Kerl von nebenan, der bei deiner Kreuzigung deiner Dame etwas Schnuckliges ins Ohr flüstert, das sie zum Lächeln bringt. Zu diesem Lächeln. Du weißt schon. Und mit meinen Fingern würde ich...

Frage:
Dass sie so etwas wie dich im Irrenhaus nicht brauchen können...

Jan Raane:
Ich bin ein ganzes Irrenhaus, ebenso wie du, mein Hase.

Frage:
Du kennst meine Freundin doch gar nicht. Du kannst doch gar nicht wissen, ob sie dir überhaupt gefällt.

Jan Raane:
Wie gesagt, es ist deine Show. Ich bin nicht mal hier. Wenn du dich um andere kümmern willst, nur zu. Es ist deine Zeit. Es ist deine Zeitverschwendung. Es ist dein Geld... Ich würde vorschlagen, du vergisst alle anderen. Wenn sie etwas wollen, sollen sie selbst kommen - mit Ausnahme deiner Freundin, die hat einen Damenbart...

Frage:
Hat sie nicht.

Jan Raane:
Hat sie wohl.

Frage:
Du bist ein Depp.

Jan Raane:
Siehst du, hast du wieder was gelernt.

Frage:
Und dafür bezahle ich auch noch...

Jan Raane:
Nein, dafür bezahlst du nicht. Du bezahlst, ebenso wie bei einer Nutte, nicht für den Sex, sondern für die Miete, das Brot und die Heizung im Winter.

Frage:
Und für die Nutten, in deinem Fall.

Jan Raane:
Hast du es an den Ohren? Solange deine Freundin hier zweimal die Woche vorbeikommt, während du auf Spätschicht bist...

Frage:
Ganz fein. Ganz ganz fein. Und ich dachte immer, sie treibt es mit dem Pendler, der unter uns das Zimmer gemietet hat. So kann man sich täuschen...

Jan Raane:
Du schon.

Frage:
Können wir jetzt weitermachen oder findest du es richtig, hier alles im Klamauk-Modus zu halten?

Jan Raane:
Finde ich richtig, aber wir können trotzdem weitermachen. Es ist deine Show.

Frage:
Manchmal fallen die Messer durch.

Jan Raane:
Ja, das tun sie.

Frage:
Manchmal an den Tagen danach, tun manche Sachen, von denen sie beim Sex gesprochen hat, erst richtig weh.

Jan Raane:
Ja, sie ist deine spirituelle Meisterin, deine spirituelle Herrin.

Frage:
Sexuelle Meisterin oder spirituelle Meisterin?

Jan Raane:
Das ist das Gleiche. Hast du das noch nicht geschnallt?

Frage:
Dann müsste ich eigentlich sie als meinen spirituellen Lehrer bezahlen anstatt dich.

Jan Raane:
Du scheinst es echt nicht zu raffen. Natürlich solltest du ihr Geld geben. Aber nicht dafür, dass sie deine Lehrerin ist, sondern damit sie es den lieben Männern zustecken kann, mit denen sie sich hinter deinem Rücken trifft. Du weißt schon, die, die in ihrem Handy Frauennamen haben.

Frage:
Hast du eigentlich keine Angst, dass dir mal ein Kunde, Schüler, was auch immer, durchdreht?

Jan Raane:
Mehr als völlig daneben geht nicht. Ich kriege den Schwachsinn in deinem Kopf nicht noch schwachsinniger. Es sind immer hundert Prozent. Blöder wird es einfach nicht.

Frage:
Ist das jetzt tröstlich?

Jan Raane:
Während übermorgen deine Freundin mir mit ihrer Hand über die Hose fährt, kannst du dich gerne dadurch getröstet fühlen. Wie gesagt, es ist deine Show.

Frage:
Du hältst mich in der Spur.

Jan Raane:
Ich bin der Beste.

Frage:
Ja, das habe ich befürchtet.

Jan Raane:
Das hast du dir gewünscht, du Eimer.

Frage:
Warum bist du eigentlich der Beste?

Jan Raane:
Weil die anderen so erbärmlich schwach sind und weil die Kühe so schön fliegen.

Frage:
Dacht ich mirs doch.

Jan Raane:
Denke du lieber über das Handy deiner Freundin nach.

Frage:
So komisch finde ich das alles nicht. Es tut schweinisch weh, und ich fühle mich ständig wie an der Schwelle zum Irrenhaus.

Jan Raane:
Und wenn du diesen Modus halten würdest, denkst du, du hättest einen Vorteil.

Frage:
Naja, es ist doch wenigstens... ach Scheiße!

Jan Raane:
Ok, dann hätten wir das auch geklärt.

Frage:
Schön, dass wir darüber gesprochen haben.

Jan Raane:
Ist für mich auch ok.

Frage:
Ist eigentlich für dich irgendetwas nicht ok? Oder schwebst du nur noch über den Dingen?

Jan Raane:
Naja, wenn deine Freundin ihre Tage hat, finde ich das nicht so lustig.

Frage:
Hör' schon auf. Langsam ist es nicht mehr lustig. Es wird einfach langweilig.

Jan Raane:
Wird es wirklich langweilig? Die Messer, die an den Tagen nach der Chefarztbehandlung durch deine Freundin von der Zimmerdecke direkt in dein Herz fallen? Ist es wirklich langweilig, zu wissen, dass dich kein Partnerwechsel jemals da raus bringen wird? Ist es langweilig? Sage es mir, Meister der Lampe, langweilt es dich?

Frage:
Nein. Es bringt mich um. Und du bist das größte Arschloch, das ich kenne.

Jan Raane:
Deine Liebste mal ausgeschlossen...

Frage:
Da hast du Recht. Nicht mal das Spiel gewinnst du. Sie ist das größte Arschloch, das ich kenne.

Jan Raane:
Und deine letzte Freundin?

Frage:
Auuuuu! Aufhören! Kannst du nicht mal so etwas wie "Fühle deine Gefühle" sagen?

Jan Raane:
Doch. Fühle deine Gefühle.

Frage:
Geht doch.

Jan Raane:
Ich kann auch "Blumentopf" sagen oder im Stehen bis zwanzig zählen. Es ist deine Show. Es ist dein Film! Nur die Frage ist folgende: Das fremde Sperma, das du in deiner Freundin schmeckst, ist das auch deines?

Frage:
So. Jetzt gehe ich.

Jan Raane:
Gute Reise.

Frage:
Also bringt es nichts, meine Gefühle zu fühlen.

Jan Raane:
Kriegst du denn deine Gefühle so klein, dass du sie fühlen kannst?

Frage:
Wie meinst du das?

Jan Raane:
Ist es nicht eher so, dass du in dem, was der Herr da als "seine Gefühle" bezeichnet, verbrennst? Sind sie denn nicht viel größer als du?

Frage:
Rumi hat das immer mit dem Verbrennen.

Jan Raane:
Lass Rumi aus dem Spiel, er ist nicht da. Hier zählt nur, wer da ist.

Frage:
Wenn ich ihn nenne, ist er doch gewissermaßen da.

Jan Raane:
Das stimmt. Darum sage ich dir: Nenne ihn nicht.

Frage:
Ok, wenn es der Wahrheitsfindung dient...

Jan Raane:
Wir können auch gerne "Vergleiche-du-Idiot" spielen. Aber dazu hättest du in deinen spirituellen Foren und sozialen Netzwerken bleiben können und du hast dich ja abgemeldet.

Frage:
Weil du es so gesagt hast.

Jan Raane:
Habe ich nicht.

Frage:
Hast du nicht?

Jan Raane:
Nein, habe ich nicht.

Frage:
Mir war so.

Jan Raane:
So what?

Frage:
Also, was ist mit "Vergleiche-du-Idiot"? Das ist wieder mal so ein Spiel, das es gar nicht gibt. Manchmal glaube ich, es macht dir Spaß, mich einfach so zu beleidigen und mehr steckt nicht dahinter.

Jan Raane:
Ja, es macht mir Spaß, dich einfach so zu beleidigen und ja, es steckt nicht mehr dahinter.

Frage:
Danke für deine Ehrlichkeit.

Jan Raane:
Kein Auftrag...

Frage:
Wenn du mir nicht so dermaßen auf die Eier gehen würdest, wärst du vielleicht gar nicht so übel...

Jan Raane:
Wenn deine Freundin fünf Kilo weniger haben würde, wärst du vielleicht gar nicht so übel...

Frage:
Das glaube ich nicht, sie ist eh schon fast zu dünn.

Jan Raane:
Mein Fehler. Habe sie mit deiner Ex verwechselt.

Frage:
Sag mal Raane, wenn sie dich kreuzigen, weinst du dann?

Jan Raane:
Ich werde weinen wie ein Hund.

Frage:
Wirst du weinen, weil du wie Jesus das Gefühl haben wirst, Vater hätte dich verlassen?

Jan Raane:
Nein, ich werde weinen, weil es deine Freundin nicht fertigbringt, sich hinten anständig zu rasieren.

Frage:
Dacht ich mir. In dieser Sache werde ich wohl nochmal mit ihr sprechen müssen.

Jan Raane:
Du bist mein Mann! Was willst du trinken?

Frage:
Hast du Nuttenpipi?

Jan Raane:
Sollte in keinem gut geführten Haushalt fehlen.

Frage:
Du bist solch ein Arsch...

Jan Raane:
Danke dir, Hase. Ich hab dich auch lieb...

Frage:
Was war das also mit dem Spiel?

Jan Raane:
Vergleiche-du-Idiot? Das ist das Spiel, das hier die Leute spielen, die sich für spirituell halten. Und leider: Nicht mal das ist wahr. Eigentlich ist das Vergleiche-du-Idiot-Spiel das, was die Leute für Spiritualität halten.

Frage:
Und das macht unseren kleinen Jan ganz, ganz traurig. Schaurig traurig?

Jan Raane:
Ja. Es ist ein sehr, sehr trauriger kleiner Jan in einer ganz, ganz bösen Welt.

Frage:
Einer ganz bösen Welt mit blonden Nutten.

Jan Raane:
Einer ganz, ganz bösen Welt mit blonden Nutten. Hörst du denn nie zu?

Frage:
Du meinst also, sie vergleichen sich zu Tode.

Jan Raane:
Meinte ich nicht, kling aber ganz gut. Sie lassen diese Lehrer, diese Lehren, diese Wahrheiten und Weisheiten gegeneinander antreten, weil sie keinerlei Plan haben...

Frage:
Keiner von den Leuten aus den spirituellen Foren einen Plan?

Jan Raane:
Keiner

Frage:
Dacht ich mirs doch.

Jan Raane:
Das habe ich befürchtet.

Frage:
Was ist eigentlich so schlecht daran, zu vergleichen?

Jan Raane:
Sie vergleichen Wege, die sie für die Wahrheit halten, und bringen ein besser oder schlechter in ihr Denken. Kein Weiser hat je eine Wahrheit gesagt. All diese Lehren, alles nur Wege.

Frage:
Wir sind alle eins - ist das keine Wahrheit?

Jan Raane:
Es ist eine Lachnummer, die man einem Achtjährigen erklären kann.

Frage:
Das meinst du nicht ernst.

Jan Raane:
Das meine ich ernst.

Frage:
Das ganze Advaita nur Käse?

Jan Raane:
Nein. Gar kein Käse. Advaita ist wahrscheinlich das Beste, was es gibt in diesen zwei Welten.

Frage:
Aber Wahrheit? Fehlanzeige?

Jan Raane:
So ist es.

Frage:
Lass uns zurück zu den Messern, die von der Decke fallen. Warum tut das so weh?

Jan Raane:
Weil Dummheit eben wehtut. Das nennt man Gnade.

Frage:
Dummheit? Ach... Kann es denn Dummheit geben, wenn es keine Wahrheit gibt?

Jan Raane:
Du kannst dich für etwas halten, was du nicht bist. Und es wird so lange wehtun, bis du damit aufhörst.

Frage:
Und wenn ich damit aufgehört habe, werde ich die Wahrheit erkennen. Sie wird einfach übrig bleiben?

Jan Raane:
Es bleibt nichts übrig und vor allem bleibt da keiner übrig, der etwas als Wahrheit oder Nicht-Wahrheit erkennen könnte. Solange einer da ist, der eine Wahrheit von einer Nicht-Wahrheit unterscheiden könnte, wird es wehtun.

Frage:
Klingt logisch.

Jan Raane:
Logisch am Arsch.

Frage:
Stimmt das also auch nicht?

Jan Raane:
Merkst du nicht, was du da tust?

Frage:
Gibt es also keinen falschen Weg?

Jan Raane:
Genau. Nur Tante Ego ist im Ich-will-das-überleben-Modus. Indem du ihren Warnungen zuhörst, bleibt sie im Spiel. Oh, sie zeigt dir lauter berechtigte Sorgen... Scheiß auf die Sorgen, mein Hase. Du hast keine Zeit für sowas. Lass die Sorgen im spirituellen Kindergarten der Internetsüchtigen. Sorgen machen ist ihre Aufgabe, so wie es des Bäckers Aufgabe ist, Brötchen

zu backen. Du bist bei mir, Hase - und das ist dein Ende.

Frage:
Man soll sich keine Sorgen machen? Gehört das sich Sorgen machen nicht irgendwie zur relativen Ebene?

Jan Raane:
So etwas wie eine relative Ebene gibt es nicht, hat es nie gegeben und wird es niemals geben.

Frage:
Ist das so?

Jan Raane:
Das ist so.

Frage:
Warum reden dann selbst Leute, die sich 20 Jahre und mehr mit Spiritualität beschäftigt haben, von der relativen Ebene?

Jan Raane:
Weil ihre Kopfgeburt, die relative Ebene, ihren Egos die Möglichkeit bietet, zu überleben. Das, was da läuft, kannst du mit einer großen Absprache vergleichen: Die Nullen behalten jeder für sich sein Ego und keiner darf den anderen merken lassen, dass er es sieht. Ein Spielchen halt. Erinnert ein wenig an "des Kaisers neue Kleider".

Frage:
Alles Deppen?

Jan Raane:
Alles Deppen! Für dich sind es aber Dämonen, die in deinem Weg stehen. Halte dich von den Spirituellen fern, die von einer relativen Ebene quatschen!

Frage:
Das tun doch fast alle.

Jan Raane:
Gut erkannt.

Frage:
Von allen fern halten.

Jan Raane:
Von allen.

Frage:
Da kann ich ja gleich in eine Höhle im Himalaya ziehen. Aber die Leute, die von einer relativen Ebene sprechen, sagen auch meist, dass man das gar nicht braucht.

Jan Raane:
Ja, so etwas sagen sie. Und ich sage dir, wenn es für dich keine andere Möglichkeit gibt, ihrem Geschwätz zu entgehen, dann nimm die Höhle.

Frage:
Du meinst, wenn es auch sonst nichts bringt...

Jan Raane:
Nein, das meine ich nicht.

Frage:
Selbst das verbal gequält werden beim Sex nutzt sich ab.

Jan Raane:
Bringe sie dazu, härter zu werden.

Frage:
Das wird nicht so einfach. Manchmal warte ich förmlich darauf, dass sie das und das sagt, aber sie tut es nicht. Sie scheint eine Grenze des auszuteilenden Schmerzes nicht zu überschreiten.

Jan Raane:
Spielt ihr das Spiel auch andersherum?

Frage:
Ja.

Jan Raane:
Dann lasse du dich entfesseln. Lass es laufen. Lass diese Schwingung zu. Diese Schwingung, die zählt. Diese Schwingung, die trägt.

Frage:
Sie ist schon mal aufgesprungen und ist heulend ins Bad gelaufen und hat gesagt: Ich kann das nicht. Ich kann das nicht... immer wieder.

Jan Raane:
Damit hat sie Recht. Sie kann das nicht. Aber eben darum geht es. Der in dir, der das nicht kann, muss sterben. Alles, was da drinnen sterben kann, soll auch sterben.

Frage:
Das mit dem Sterben habe ich nie begriffen.

Jan Raane:
Das Sterben, und es gibt mehrere, von dem wir in diesem Moment sprechen, vollzieht sich letztlich schmerzlos. Nur, bis es soweit ist, tut es weh. Der Schmerz ist in deinem Fall der Weg.

Frage:
Wie kann ich mir das vorstellen? Was geht da ab?

Jan Raane:
Dein Weg der sexuellen Unterwerfung, die zur totalen Hingabe an eine Frau wird, die andere Männer liebt und schätzt, dich hingegen herabsetzt und verspottet und beschimpft, wird dir alles zeigen, wenn du nur dabei bleibst. Weiche nicht ab davon, vertraue dem Magnetismus des Weges. Alles ist richtig.

Frage:
Dieser Magnetismus ist irre. Ich habe mich aber oft gefragt, ob er mich nicht vielleicht direkt in die Hölle bringt oder mich auf eine Art schuldig werden lässt, die ich nicht brauchen kann. Ich meine, dass ich jemanden etwas antue, das nicht mehr reparabel ist.

Jan Raane:
Alles will in die Auflösung. Bist du erst einmal einen Weg zu Ende gegangen, wirst du diesen Berg noch über hundert andere Wege besteigen. Manche Wege hast du in Minuten durch, andere werden dich über Wochen beschäftigen.

Frage:
Sage bitte etwas über die Gefahr, die Axt rauszuholen.

Jan Raane:
Eine Verwechslung.

Frage:
Bitte?

Jan Raane:
Du denkst, es würde auch um einen anderen Menschen gehen, in diesem Fall um deine Freundin, aber es geht nur um dich.

Frage:
Aber sie ist doch dabei!

Jan Raane:
Ist sie das? Du bist noch nicht der Mann, das rauszukriegen.

Frage:
Das verwirrt mich jetzt zu sehr, da will ich jetzt nicht hin...

Jan Raane:
Ok, es ist deine Show.

Frage:
Manchmal denke ich, dieses auf gleicher Augenhöhe mit der Freundin zu sein, ist der Anfang allen Übels. Vielleicht war es in früheren Generationen einfach besser geregelt, in denen der Mann das Sagen hatte. Verstehe mich nicht falsch, vielleicht wäre es genauso

gut, wenn die Frau einfach das Sagen hätte. So wie es heute ist, herrscht doch nur noch Verwirrung. Keiner weiß mehr, was er tun darf und soll. Man möchte schon diesen ganzen Zweierbeziehungsdreck in die Ecke werfen.

Jan Raane:
Du merkst also, du kommst so nicht weiter.

Frage:
Gibt es denn überhaupt eine Möglichkeit?

Jan Raane:
Ja, die Möglichkeit gibt es.

Frage:
Und warum sagst du sie mir nicht einfach?

Jan Raane:
Finde den in dir, der sie nicht kennt. Suche ihn, so oft du eben daran denkst, auf und verankere dich nach Möglichkeit in ihm.

Frage:
Aber ich kenne sie. Das wird nicht funktionieren.

Jan Raane:
Erstens: Nein, du kennst sie nicht und zweitens: Es funktioniert.

Frage:
Ich kann das nicht.

Jan Raane:
Ok, schaue mich an!

Frage:
Ok.

Jan Raane:
Das ist Jan. Der sieht so aus.

Frage:
Und nun?

Jan Raane:
Finde den in dir, der mich nicht kennt.

Frage:
Wow, es geht.

Jan Raane:
Hab' keine Angst.

Frage:
Oh man, es geht.

Jan Raane:
Schau weiter. Einfach sehen.

Frage:
Das ist irre.

Jan Raane:
Und wenn wir schon mal so weit sind, gehen wir jetzt noch einen Schritt weiter. Finde den in dir, der dich nicht kennt. Es ist ganz leicht, du musst es nur zulassen.

Frage:
Irre. Ja. Was geht hier ab?

Jan Raane:
Hier geht gar nichts ab. Du witterst die Freiheit. Die Freiheit von der Pappfigur da vorne. Mehr nicht.

Frage:
Es ist total heftig. Osho sagte: Irgendetwas ist.

Jan Raane:
Lass die Leute da draußen. Bleibe hier. Ja, irgendetwas ist, mehr nicht.

Frage:
Es war so einfach.

Jan Raane:
Das scheint nur so. Schau nach - wo ist nun deine relative Ebene? Hier ist nichts, was eine relative Ebene sein könnte.

Frage:
Aber meine Lebensgeschichte geht doch weiter? Oder?

Jan Raane:
Es gibt keine Lebensgeschichte, da es keine Vergangenheit gibt.

Frage:
Es gibt keine Vergangenheit?

Jan Raane:
Nicht als das, was du meintest, das sie ist.

Frage:
Keine Vergangenheit?

Jan Raane:
Keine Vergangenheit!

Frage:
Das ist ein Trick!

Jan Raane:
Das ist kein Trick! Sei da und siehe selbst!

Frage:
Mir ist so unwirklich.

Jan Raane:
Dir ist wirklicher denn je...

Frage:
Keine Vergangenheit?

Jan Raane:
Nein, leider Fehlanzeige.

Frage:
Mir ist es, als würde ich auf eine andere Art auf mein Gehirn zugreifen.

Jan Raane:
Jep. Direkter Zugriff, statt Zugriff über das Ego.

Frage:
Wie wenig es doch zu denken gibt...

Jan Raane:
Wie wenig es doch zu denken gibt...

Frage:
Es bleibt nicht so, habe ich Recht?

Jan Raane:
Noch wird es nicht so bleiben.

Frage:
Ich muss also wieder in die Hölle?

Jan Raane:
Du warst nie in der Hölle und ja, du musst wieder dahin. Ein Paradox.

Frage:
Relative Ebene, haben die einen Klapperer!

Jan Raane:
Mir ist so, als hättest du Recht...

Frage:
Ich möchte aber, dass das nie wieder aufhört.

Jan Raane:
Halte dich an den, der dich nicht kennt.

Frage:
Muss ich dann nie mehr wieder hier weg?

Jan Raane:
Du warst hier immer weniger weg, als da vorne, in der Marionette. Letztendlich bist du aber weder da noch dort.

Frage:
Bin ich denn nicht hier?

Jan Raane:
Nein, du bist nicht hier. Nicht mal das.

Frage:
Und du?

Jan Raane:
Hier war ich nie. Und dort schon gleich gar nicht.

Frage:
Es ist so, als würde alles zu mir sprechen.

Jan Raane:
Es spricht alles zu uns. Immer. Immer, wenn etwas da ist...

Frage:
Stimmt, wenn ich schlafe, ist nichts da.

Jan Raane:
Stimmt.

Frage:
Wer braucht es dann, dass ich wach bin, wenn ich eh nicht hier bin.

Jan Raane:
Niemand.

Frage:
Niemand außer ich.

Jan Raane:
Du schon gar nicht.

Frage:
Ich brauche nicht, dass ich hier bin?

Jan Raane:
Gehe jetzt heim und genieße und komme morgen wieder.

Frage:
Nein, ich bleibe genau da, wo ich bin - nicht bin.

Jan Raane:
Ok, dann bleibe. Ich bleibe auch.

Frage:
Ist das alles, was zu erreichen ist?

Jan Raane:
Nein, es ist erst der Anfang und ja, es ist alles, was zu erreichen ist für dich.

Frage:
Verstehe ich nicht. War das schon wieder eine Beleidigung?

Jan Raane:
Alles, was du in diesem Zustand tust, um spirituell weiter zu kommen, knallt dich wieder in die Marionette da vorne rein.

Frage:
Hier endet der Weg?

Jan Raane:
Deiner schon.

Frage:
Kann man denn wirklich gar nichts machen?

Jan Raane:
Lerne du erst einmal, wie man sieht. Lerne du erst einmal, dass das Sehen ein Seinszustand ist und keine Handlung.

Frage:
Das lerne ich doch gerade.

Jan Raane:
Stimmt.

Frage:
Einfach hier bleiben.

Jan Raane:
Einfach hier bleiben.

Frage:
Mehr ist nicht zu tun?

Jan Raane:
Du könntest dich in diesen Zustand hinein entspannen...

Frage:
Kann man denn wirklich, wirklich, wirklich nicht mehr tun?

Jan Raane:
Ok. Du hast gewonnen. Das ist aber die letzte Antwort für heute: Finde heraus, wo das Gefühl, dass irgendetwas ist, herkommt. Und nun ist gut.

16.

Tag 2

Frage:
Es ist nicht so geblieben.

Jan Raane:
Nichts bleibt.

Frage:
Schade eigentlich.

Jan Raane:
Egal eigentlich.

Frage:
Wie war das mit der Vergangenheit? Ist sie denn nicht das einzig Beständige, das wir haben?

Jan Raane:
Nichts ist so unbeständig wie die Vergangenheit. Nichts kann sich verändern, außer der Vergangenheit. Der jetzige Moment ist, wie er ist, der ist nicht zu ändern. Über Zukunft rede du mit den Doofen. Und Vergangenheit ist das Einzige, wo Veränderung stattfindet.

Frage:
Ich verstehe weniger als nichts.

Jan Raane:
Das reicht.

Frage:
Gestern sagtest du, es gibt keine Vergangenheit. Heute sagst du, Vergangenheit ist das Einzige, wo Veränderung stattfindet.

Jan Raane:
Es muss begriffen werden, dass Vergangenheit nichts ist, was außerhalb des jetzigen Momentes entsteht. Sie hat kein Eigenleben abseits von dem, was ist. Sie erscheint mit dem Tisch, mit dem Stuhl, mit dir und allen anderen Clownsköpfen, mit dem Wetter... Projektor an: Ein Bild ist da. Projektor aus: Kein Bild ist da. Es gibt keine Vergangenheit. Es gab keine Vergangenheit. Und es wird niemals eine Vergangenheit geben. Vergangenheit ist eine Art zu denken, die du künstlich von dem anderen Denken abgegrenzt hast.

Frage:
Ich komme immer noch nicht mit. Gibt es eine Vergangenheit oder gibt es keine?

Jan Raane:
Du wirst auch jetzt nicht mitkommen aber ich sage dir es gerne so oft du magst: Es gibt keine Vergangenheit. Es gab keine Vergangenheit. Und es wird niemals eine Vergangenheit geben.

Frage:
Also, es gibt keine Vergangenheit. Es gab keine Vergangenheit. Und es wird niemals eine Vergangenheit geben. Und diese Vergangenheit, die es nicht gibt, ist das Einzige, was veränderlich ist.

Jan Raane:
Genau. Du hast keinerlei Plan, aber du hast es.

Frage:
Was bedeutet das?

Jan Raane:
Es bedeutet, dass du immer, wenn du der Vergangenheit Realität zusprichst, die sie einfach nicht hat, in der Hölle landen wirst. In deiner Hölle. Dummheit muss bestraft werden.

Frage:
Mir wird schon wieder leicht unwirklich.

Jan Raane:
Willst du es anders haben - geh!

Frage:
Warum soll ich über die Zukunft mit den Doofen sprechen?

Jan Raane:
Damit du beschäftigt bist und ich meine Ruhe vor dir habe.

Frage:
Ach darum.

Jan Raane:
Jep.

Frage:
Also, warum soll ich gerade mit den Doofen über die Zukunft sprechen?

Jan Raane:
Weil sie die einzigen sind auf Gottes weiter Erdscheibe, die über die Zukunft sprechen. Über die Zukunft zu sprechen und grenzenlose Dummheit sind eins. Von daher...

Frage:
Wollen mir der Herr das näher erklären?

Jan Raane:
Wann? In der Zukunft?

Frage:
Nein jetzt.

Jan Raane:
Ich würde es dir aber viel lieber in der Zukunft erklären.

Frage:
Laber nicht rum!

Jan Raane:
Dafür bezahlst du mich.

Frage:
Ach dafür.

Jan Raane:
Siehst du, wieder was gelernt.

Frage:
Heute ist mein großer Tag!

Jan Raane:
Nicht morgen?

Frage:
Also, was ist mit der Zukunft, ich habe nicht ewig Zeit.

Jan Raane:
Doch hast du.

Frage:
In der Zukunft.

Jan Raane:
Nein.

Frage:
Wo dann?

Jan Raane:
Finde es heraus.

Frage:
Sagst du jetzt etwas über die Zukunft?

Jan Raane:
Gerne: Es wird sein Heulen und Zähneknirschen.

Frage:
Das macht mir Angst.

Jan Raane:
Du bist Angst.

Frage:
Ich bin Angst?

Jan Raane:
Ja, und nichts weiter als das.

Frage:
Nicht Gott, nicht das Licht, nicht eine unsterbliche Seele?

Jan Raane:
Nein. Angst.

Frage:
Und was bist dann du?

Jan Raane:
Angst.

Frage:
Und was ist der Baum da drüben?

Jan Raane:
Angst.

Frage:
Gibt es etwas, was keine Angst ist?

Jan Raane:
Nein. Alles, was ist, ist Angst.

Frage:
Manche Leute sagen, man kann entscheiden ob man Liebe oder Angst ist. Also, dass es Liebe oder Angst gäbe.

Jan Raane:
Es gibt nur Angst.

Frage:
Das macht mir Hoffnung.

Jan Raane:
Hoffnung ist Angst.

Frage:
Und wenn ich dann mal erleuchtet bin und sehe, dass alles eins ist?

Jan Raane:
Dann ist Angst.

Frage:
Hört denn das nie auf?

Jan Raane:
Nie.

Frage:
Jeder Grashalm?

Jan Raane:
Nackte Angst.

Frage:
Warum laufen dann die Leute rum und erzählen, alles ist Liebe? Ich begreif es nicht.

Jan Raane:
Kümmere dich nicht um die Leute. Hier geht es um dich. Es wird kaum etwas geben, was Leute noch nicht erzählt haben.

Frage:
Ist Angst also der Hintergrund von allem?

Jan Raane:
Von allem, was ist.

Frage:
Und von dem, was nicht ist?

Jan Raane:
Das was nicht ist, braucht keine Angst, um nicht zu sein.

Frage:
Dachte, ich könnte durch den spirituellen Weg der Angst ein für alle Mal entkommen und jetzt so etwas...

Jan Raane:
Dumm gelaufen.

Jan Raane:
Gibt es denn gar nichts, was man tun kann gegen die Angst?

Jan Raane:
Nichts, denn du bist Angst.

Frage:
Jede Zelle?

Jan Raane:
Jede Zelle.

Frage:
Dann kann ich ja hier und jetzt meinen spirituellen Weg beenden und einfach weiter saufen.

Jan Raane:
Machs!

Frage:
Ok - ich machs.

Jan Raane:
Du bist ja immer noch da.

Frage:
Ich gehe jetzt saufen.

Jan Raane:
Geh!

17.

Tag 3

Frage:
Das ist geil mit der Angst.

Jan Raane:
Ist es das?

Frage:
Ich werde niemals da raus kommen.

Jan Raane:
Niemals.

Frage:
Keine Chance?

Jan Raane:
Keine Chance.

Frage:
Geil!

Jan Raane:
Oberaffengeil!

Frage:
Was mache ich aber jetzt mit meinem Denken?

Jan Raane:
Ich rieche Menschenfleisch.

Frage:
Mein Denken hatte niemals eine andere Aufgabe, als mich von der Angst fern zu halten, der Angst auszuweichen, die Angst nicht zu sehen.

Jan Raane:
Jetzt ist dein Denken arbeitslos.

Frage:
Arbeitslos?

Jan Raane:
Arbeitslos und Spaß dabei!

Frage:
Was macht so ein Denken ohne den Versuch, der Angst auszuweichen?

Jan Raane:
Naja, dein altes Denken wird das nicht lange durchhalten. Wenn du das Erreichte nicht wieder aufgibst und zurück in den spirituellen Kindergarten gehst, wird ein neues Denken dein altes Denken ablösen.

Frage:
Erst sagst du, man könne nichts machen und dann gibt es doch so einiges...

Jan Raane:
Muss dir denn wirklich jemand sagen, nimm deine Hand von der heißen Herdplatte?

Frage:
Womit wir wieder bei der Zukunft sind?

Jan Raane:
Womit wir wieder beim Thema Zukunft sind.

Frage:
Bitte, nochmal zurück zur Angst. Ich dachte einmal, ich wäre von Dämonen besetzt.

Jan Raane:
Du bist von dem schlimmsten aller Dämonen besetzt, dem Ich-Dämon, dem Mich-gibt-es-Dämon. Kriege den los, dann hast du die anderen auch vom Hals.

Frage:
Aber bin ich dann nicht zu offen? Können sie dann nicht in mich rein wie sie wollen?

Jan Raane:
Lass dich von ihnen fressen. Immer, immer wieder. So oft sie wollen. Schütze dich nicht! Schütze gar nichts. Sei total offen. Sei so weit offen, bis dass da gar keiner mehr ist, der offen sein könnte oder nicht.

Frage:
Ich dachte immer, ich müsste mich schützen.

Jan Raane:
Nein! Keinerlei Schutz!

Frage:
Oh Gott!

Jan Raane:
Da ist nichts, was du schützen müsstest - schützen könntest. Kille die Ich-Idee in dir und der ganze Spuk

ist vorbei. So gesehen sind sie nur deine Lehrer - wie alles andere auch.

Frage:
Ich glaube, ich habe es begriffen.

Jan Raane:
Begreifen ist gut. Nicht-Begreifen ist besser. Lass das Begriffene wieder los, du brauchst es nicht mehr.

Frage:
Sie dürfen mich also fressen.

Jan Raane:
Sie dürfen dich fressen.

Frage:
Und wenn ich daran sterbe?

Jan Raane:
Du darfst sterben. Das ist die gute Nachricht.

Frage:
Ich darf sterben?

Jan Raane:
Ja, du kannst jetzt damit aufhören, leben wollen zu müssen.

Frage:
Wow.

Jan Raane:
Wow.

Frage:
Was für eine Freiheit.

Jan Raane:
Was für eine Freiheit.

Frage:
Warum sagt uns das keiner?

Jan Raane:
Ich sag es dir doch.

Frage:
Stimmt auch wieder.

Jan Raane:
Noch Fragen der Herr?

Frage:
Ich glaube es ist still in mir.

Jan Raane:
Nur in dir?

Frage:
Nein, alles still. Alles. Alles. Alles.

Jan Raane:
Man möchte es nicht glauben...

Frage:
Alles passiert und nichts passiert.

Jan Raane:
Nichts passiert im Alles-passiert.

Frage:
Es ist alles so einfach.

Jan Raane:
Kann man so sehen.

Frage:
Hätte ich einen Namen, dann wäre er "Mehr-ist-nicht".

Jan Raane:
Ein sehr, sehr schöner Name. Geh jetzt.

18.

Tag 4

Jan Raane:
Lass uns heute deine Meditation kennen lernen.

Frage:
Meine Meditation? Nur für mich?

Jan Raane:
Nur für dich. Immer für dich.

Frage:
Immer für mich.

Jan Raane:
Eben. Mach dir es bequem und schließe die Augen. Ich werde sie dir vorlesen:

Ich kenne nichts, was ich heißt
Ich kenne nichts, was Nicht-Ich heißt
Ich kenne nichts, was Licht heißt
Ich kenne nichts, was Nicht-Licht heißt

Ich kenne nichts, was einen Namen hat
Ich kenne nichts, was nicht einen Namen hat
Ich kenne nichts, was Nichts ist
Ich kenne nichts, was Nicht-Nichts ist

Ich kenne nichts, was meins ist
Ich kenne nichts, was Nicht-Meins ist
Ich kenne nichts, was da ist
Ich kenne nichts, was im Nicht-Da ist

Ich kenne nichts, was ich heißt
Ich kenne nichts, was Nicht-Ich heißt
Ich kenne nichts, was Licht heißt
Ich kenne nichts, was Nicht-Licht heißt

Ich kenne nichts, was ist
Ich kenne nichts, was Nicht-Ist ist
Ich kenne nichts, was war
Ich kenne nichts, was im Nicht-War ist

Ich kenne nichts, was frei ist
Ich kenne nichts, was im Nicht-Frei ist
Ich kenne nichts, was ein Ort ist
Ich kenne nichts, was im Nicht-Ort ist

Ich kenne nichts, was ich heißt
Ich kenne nichts, was Nicht-Ich heißt
Ich kenne nichts, was Licht heißt
Ich kenne nichts, was Nicht-Licht heißt

Ich kenne nichts, was Wetter sein könnte
Ich kenne nichts, was im Nicht-Wetter sein könnte
Ich kenne nichts, was ein Lehrer sein könnte
Ich kenne nichts, was ein Nicht-Lehrer sein könnte

Ich kenne nichts, was hier sein könnte
Ich kenne nichts, was im Nicht-Hier sein könnte
Ich kenne nichts, was gewesen sein könnte
Ich kenne nichts, was im Nicht-Gewesen sein könnte

Ich kenne nichts, was ich heißt
Ich kenne nichts, was Nicht-Ich heißt
Ich kenne nichts, was Licht heißt
Ich kenne nichts, was Nicht-Licht heißt

Ich kenne nichts, was ein Himmel sein könnte
Ich kenne nichts, was im Nicht-Himmel sein könnte
Ich kenne nichts, was namenlos ist
Ich kenne nichts, was im Nicht-Namenlos ist

Ich kenne nichts, was jemals war
Ich kenne nichts, was im Nicht-Jemals war
Ich kenne nichts, was ein Vater sein könnte
Ich kenne nichts, was ein Nicht-Vater sein könnte

Ich kenne nichts, was ich heißt
Ich kenne nichts, was Nicht-Ich heißt
Ich kenne nichts, was Licht heißt
Ich kenne nichts, was Nicht-Licht heißt

Ich kenne nichts, was eine Mutter ist
Ich kenne nichts, was eine Nicht-Mutter ist
Ich kenne nichts, was jemals sein könnte
Ich kenne nichts, was im Nicht-Sein sein könnte

Ich kenne nichts, was heißen könnte
Ich kenne nichts, was im Nicht-heißen sein könnte
Ich kenne nichts, was Gott sein könnte
Ich kenne nichts, was in Gott sein könnte

Ich kenne nichts, was ich heißt
Ich kenne nichts, was Nicht-Ich heißt
Ich kenne nichts, was Licht heißt
Ich kenne nichts, was Nicht-Licht heißt

Ich kenne nichts, was Atem sein könnte
Ich kenne nichts, was einen Atem haben könnte
Ich kenne nichts, was Herzschlag sein könnte
Ich kenne nichts, was einen Herzschlag haben könnte

Ich kenne nichts, was ein Chakra sein könnte
Ich kenne nichts, was im Nicht-Chakra sein könnte
Ich kenne nichts, was Advaita sein könnte
Ich kenne nichts, was Nicht-Advaita sein könnte

Ich kenne nichts, was ich heißt
Ich kenne nichts, was Nicht-Ich heißt
Ich kenne nichts, was Licht heißt
Ich kenne nichts, was Nicht-Licht heißt

Ich kenne nichts, was Freiheit sein könnte
Ich kenne niemanden, der in der Freiheit sein könnte
Ich kenne nichts, was Angst sein könnte
Ich kenne nichts, was Nicht-Angst sein könnte

Ich kenne nichts, was sie sein könnte
Ich kenne nichts, was man er nennen könnte
Ich kenne niemanden, der im Wir sein könnte
Ich kenne nichts, was Uns sein könnte

Ich kenne nichts, was ich heißt
Ich kenne nichts, was Nicht-Ich heißt
Ich kenne nichts, was Licht heißt
Ich kenne nichts, was Nicht-Licht heißt

Ich kenne nichts, was Leben sein könnte
Ich kenne nichts, was lebendig sein könnte
Ich kenne nichts, was eine Welt sein könnte
Ich kenne nichts, was eine Nicht-Welt sein könnte

Frage: Wow.
Jan Raane: Geh jetzt. Bis morgen.

19.

Tag 5

Frage:
Ich kenne nichts, was Gott sein könnte. - Das ist heftig. Ist es denn wirklich absolut nötig, auf Gott zu verzichten? Sind Gebete denn in sich schon falsch?

Jan Raane:
Die falschen Gebete sind in sich schon falsch. Warte, ich suche dir ein paar heraus, die für dich passen:

1. Gebet

Vater im Himmel, Vater
Lass die Antwort auf meine nächste Frage GOTT sein, VATER sein

Lass die Antwort auf all meine Gedanken GOTT sein, VATER sein

Hilf mir, dass meine einzige Frage GOTT ist
Und die einzige Antwort darauf GOTT

Amen

2. Gebet

Vater im Himmel, Vater
Lass mich zu dir, wenn mein Herz schreit
Wenn meine Weisheiten und Wahrheiten zu Staub zerfallen

Vater im Himmel, Vater
Nimm mich in dir auf, wenn ich erkenne, dass ich nichts erkennen kann
Wenn mir klar wird, dass all mein Handeln, jetzt und immerdar, mich nicht nach Hause bringen wird.

Vater im Himmel, Vater
Verschließe nicht deine Türe vor mir, wenn ich sehe
Wenn ich sehe, dass all mein Sehen mir nicht die Wahrheit zeigen kann
Erlöse mich von mir und sei mir gnädig

Amen

3. Gebet

Vater im Himmel, Vater
Beschütze mich vor meiner Angst. Befreie mich von dem, der ich bin, wenn ich in Angst bin.

Vater im Himmel, Vater
Mach mich so stark, dass ich dem Lügenhund in meinem Kopf nicht mehr glaube, dass er mich beschützt.

Vater im Himmel, Vater
Gib mir die Kraft, schwach zu sein, um in deiner Stärke zu verweilen - immerdar

Amen

4. Gebet

Vater im Himmel, Vater
Gib mir mich zurück in dir
Hole mich raus aus einer Welt ohne dich
Bringe mich heim in dich

Amen

5. Gebet

Vater im Himmel, Vater
Wie weit ich mich verlaufen habe
Wie fern ich all dem bin, was ich doch habe
Habe in mir, ich in dir

Vater im Himmel, Vater
Mich schmerzt mein ganzes Dasein
Mir brennt die Brust
Ich sehe nur noch einen Ausweg aus meinem Versagen: Gott

Vater im Himmel, Vater
Führe mich heim in dich, verlasse mich nicht, lass es nicht zu, dass ich verloren gegangen bleibe.

Amen

6. Gebet

Vater im Himmel, Vater
Ich danke dir, dass du mich aufgenommen hast in dein Meer aus Angst und Einsamkeit

Ich danke dir für jede Straße, die du mir zur Sackgasse machtest, für jedes Licht, das du mir zum Irrlicht machtest

Vater im Himmel, Vater
Nimm mich zurück und wieder in dir auf

Amen

Frage:
Gott oder nicht Gott ist also nicht die Frage?

Jan Raane:
Nein. Gott ist Gott ist Gott ist Gott.

Frage:
Betest du?

Jan Raane:
In jedem Moment des Tages.

Frage:
Das meinte ich nicht.

Jan Raane:
Ich würde es aber meinen, wenn ich du wäre.

Frage:
So ist das also.

Jan Raane:
So ist das also.

Frage:
Gibt es Gott?

Jan Raane:
Gott gibt es mehr, als es dich gibt.

Frage:
Aber, wenn wir doch alle eins sind?

Jan Raane:
Wo ist dann Gott?

Frage:
Im Einen oder noch eins drüber?

Jan Raane:
Im Einen oder noch eins drüber - lass dir das als Antwort genügen.

Frage:
Noch eins drüber geht immer?

Jan Raane:
Es sind immer die Fragen, niemals die Antworten die wichtig sind.

Frage:
Aber Antworten schaffen doch Klarheit und können hilfreich sein.

Jan Raane:
Nur bis zu einer gewissen Ebene. Danach ist es genau andersherum: Da schaffen dann die Antworten nur noch Verwirrungen.

Geh jetzt - und lasse für heute keine Antworten mehr zu.

Ach Pia, ich glaube jedes Wort und doch... Hören wir jetzt zu lesen auf. Ich weiß, du musst nach Hause, denn da wartet jemand sehr... In mir ist auch nichts mehr, was ich zu teilen hätte. Geh schnell! Geh schnell! Geh!

Teil 3

Ein Tag eines anderen Datums.
Tief in der Stadt, tief in Coburg.
Ein Mann, der schreibt.

Mit ohne

Wie weit ist es gekommen mit
Ohne den einen neben dir
Aus dem heraus, in den hinein
Und erst durch ihn: Dein Lied erklingt
Das nur durch ihn zu einem Lied
Das nur durch ihn ein Segen wird

Der Zweite, andre, wird heut meistens klein geschrieben

Obwohl er mehr noch, um so viel mehr noch
Als der Erste ist

Du

Ich schenkte dir den Kopf
Du mir die Hände
Ich gab dir Licht
Du mir die Wärme aus der Erde

Wer liegt nun da

Wer liegt nun da
Wenn deine Hände
Mich Regungslosen überziehn
Wenn all des Tages Lärm und Hoffen
Sich anderswo zu Ende dreht
Wer hier erinnert mich an mich - wenn
In meinem Kopf die Blitze fein
Aus deinen Händen sich entzünden
Wie klein ich war
Im All-Ein-Sein

Streicheln

Wenn Hände auf der Haut dich tragen
Hinweg aus der bekannten Welt
Wenn an den Enden der Erfahrung
Sich bauen neue Stege, dann
Ist Dasein wo einst gar nichts war
Und Nebel fügt sich an an Nebel
Und um dich rum wie Rauch im Nebel
Die Liebe einer, die dich meint.

Resümee

Was wird aus all dem All-Ein-Sein
Aus dieser Wahrheit, wenn nicht einer
An deiner Seite zu dir spricht:
Und trotzdem hab ich dich gemeint!
Wer bist du, wenn du nicht an einen
Einzigen dich wenden kannst
Mit allem, was da ist und nicht ist
Mit allem, was du liebst und magst
Wer kannst du sein, ohne den Zweiten
Der doch aus dir, dich selber macht
Mag Traumsubstanz die Wahrheit bleiben
Der Wahrheit Wahrheit aber ist die Liebe

Dank

Liebe **Monika**, liebe **Amina**,

euch beiden vielen Dank für die Korrekturarbeit an diesem Text.

Liebe **Sue**,

dir vielen Dank für das Coverfoto.

Lieber **Ganesha**,

...danke, danke, danke...

(...und den
zwei Igelchen auch...)

Kontakt:

www.mondlichttraeger.de

- **ISBN-10:** 3848254409
- **ISBN-13:** 978-3848254408

- **ISBN-10:** 373223911X
- **ISBN-13:** 978-3732239115

- **ISBN-10:** 3848257777
- **ISBN-13:** 978-3848257775